O Segredo da Oferta Irresistível

O Segredo da Oferta Irresistível

Como Acelerar Suas Vendas e Lucro Usando a Internet

Jadson Barreto

Copyright © 2022 | Jadson Barreto
AUTOR Jadson Barreto
EDIÇÃO Jadson Barreto
FORMATAÇÃO Jadson Barreto

Copyright © 2023 JADSON BARRETO
Todos os Direitos Reservados

Sumário

Capítulo 01:   7

Como Vender Online... Quase que Imediatamente.   7

O Conceito da Oferta Irresistível e Como Gerar um "Caixa Rápido" para o Seu Negócio...   10

O Erro Número 01 na Hora de Vender Online...   18

Determinados estímulos ATIVAM determinados perfis de compradores.   23

Ou você Aprender a Criar um Desejo Ardente de Compra Ou Dificilmente Você irá Conseguir Vender Online...   24

Comece a Pensar Como um Empresário e Não Como uma "Celebridade da Internet"...   25

Não Importa Se Você é Iniciante ou Experiente no Marketing Digital, O Seu Maior Objetivo deve Ser Gerar Vendas AGORA   29

Nesse Exato Momento, Já Existem Pessoas Prontas para Comprar O Que Você Vende...   32

Criar uma Oferta Irresistível é o Primeiro Passo para Iniciar a "Jornada do Lucro" no Marketing Digital...   35

    01- Geradores de Impacto: (O Modelo de Negócios do Líder, Marca e Método)   36

    02- Descubra o Cliente Ideal: (Ansioso, Curioso e Cético)   36

    03- Acelerador de Lucros   36

O Que Eu Descobri Depois de "Quase 2 Anos" Tentando Gerar o Primeiro Resultado no Digital...   37

Capítulo 02: 44

Geradores de Impacto: Descubra os 03 Elementos que Geram Impacto Imediato nas Pessoas... 44

Os 03 Geradores de Impacto Imediato... 46

Existem Perfis de Pessoas que Se Conectam Mais com Determinados Modelos de Negócios... 58

Capítulo 03: 62

Como Encontrar o Cliente Ideal: Os 03 Tipos de Públicos 62

Existem 03 tipos de públicos para vender online. 63

01- Frustrado/Ansioso 63

02- Curioso/Empolgado 63

03- Inteligente/Cético 63

Capítulo 04: 75

Acelerador de Lucro: O segredo para Transformar Desconhecidos em Clientes 75

Existem 03 GRANDES objeções que impedem o público de comprar o que você vende hoje, são elas: 76

01 - Urgência 76

02 - Confiança 76

03 - Necessidade 76

Não se quebra objeções com ARGUMENTOS... você quebra as objeções com OFERTAS... 83

O Nosso Próximo Passo? 84

Capítulo 01:

Como Vender Online... Quase que Imediatamente.

Caro leitor(a),

Eu começo a escrever as primeiras linhas deste livro com uma missão muito clara em mente: ajudar os donos de negócios a ACELERAR seus LUCROS através da internet.

Mas confesso que não demorou muito para entender que na verdade, esse não é um livro APENAS sobre ofertas, vendas e lucros.

É um livro sobre *"Facilitar a sua vida"* e *"Segurança"*. Em outras palavras, um livro que apresenta um caminho capaz de gerar um "caixa" que na prática é o "oxigênio" de qualquer negócio.

Talvez essa seja uma das suas maiores dificuldades hoje.

Afinal, existem muitos e muitos donos de negócios que estão com o fluxo de caixa no vermelho.

Alguns, estão no "Vermelho" com V maiúsculo mesmo. rs

Por outro lado, existem pessoas que parecem ter uma espécie de "imã" para vender online.

Enquanto alguns sentem muita dificuldade para vender, outros conseguem vender com extrema facilidade no ambiente online.

Independente se é produto físico, serviços ou mesmo produtos digitais.

O motivo? Eles quebraram o que é conhecido como *"O Código das Vendas Online"*.

A boa notícia é que é exatamente isso que você irá descobrir nessa leitura.

Mais do que isso, você terá a resposta para as seguintes perguntas:

01- O que as pessoas que estão gerando resultados em vendas online estão fazendo, que a maioria não faz?

02- Como Quebrar o Código das Vendas Online?

03- Por onde começar? Qual a Maneira mais Inteligente? Existe algum segredo?

Calma jovem! Eu vou te ajudar a encontrar cada uma das respostas.

Ao final dessa leitura você estará pronto para fazer parte do seleto grupo de pessoas que estão gerando resultados de verdade através da internet.

Preparado?

Então vamos lá.

O Conceito da Oferta Irresistível e Como Gerar um "Caixa Rápido" para o Seu Negócio...

Para dar o primeiro passo na nossa jornada, eu preciso que você comece a olhar para o seu negócio com um "novo olhar".

Eu sei que pode parecer um pouco difícil no início, mas com um pouco de esforço, eu prometo que valerá muito a pena.

Enquanto alguns só conseguem enxergar os problemas e dificuldades de vender online, outros conseguem <u>enxergar com clareza</u> o grande potencial que existe nesse mercado.

É insano. Pessoas completamente anônimas, que "quase" da noite para o dia explodiram com suas vendas.

Com a estratégia certa, o mundo digital é praticamente uma máquina "legalizada" de fazer dinheiro.

O motivo?

É simples: Proximidade.

O poder da internet nos permite a "magia" de podermos nos conectar **constantemente** e **intensamente** com os nossos potenciais clientes.

Várias vezes por dia.

Há algumas décadas, se uma empresa decidisse fazer uma ação de vendas, eles tinham que ir para a tv, jornal, revistas, outdoors e etc.

No entanto, tudo isso era muito caro. (ainda é..)

Hoje, temos ferramentas gratuitas ou com baixo custo que nos permitem se comunicar com o nosso público várias vezes durante o dia, todos os dias.

Apenas com um celular ou computador com acesso à internet e uma ideia, você consegue fazer maravilhas.

O problema é que todos esses benefícios e facilidades se tornaram um grande obstáculo para a maioria dos donos de negócios.

O motivo?

Dificultaram o que não deveria ser difícil.

Ou seja, dificultaram o processo de vendas que na prática deveria ser simples.

Muitos criaram regras e paradigmas que para vender online é preciso colocar em prática "trocentas" atividades.

Por exemplo, semana "x", maratona de lives, desafios de 21 dias, etc e etc..

Para vender online você precisa ser muito conhecido, famoso, ter autoridade, etc e etc...

Sem contar com as inúmeras variações de lançamentos, que no final das contas são todos a mesma coisa.

Recentemente, eu tive uma conversa de pouco mais de 10 minutos, com um colega que tem um projeto no nicho de finanças.

Ele tinha criado um perfil no Instagram e estava começando uma intensa rotina de conteúdos.

Durante a conversa ele me explicou detalhadamente o seu plano.

Ele queria montar um blog, estava contratando dezenas de ferramentas, domínio, acessórios, câmera nova etc e etc...

Ao mesmo tempo, ele estava tentando aprender como escrever um artigo, como criar uma presença online, conteúdos de valor, criar autoridade..

Eu juro que fiquei cansado só de ouvir tanta coisa que ele estava fazendo ao mesmo tempo.

Em 9 minutos de conversa, eu identifiquei exatamente qual era a "fria" que ele estava entrando.

No minuto seguinte, eu expliquei exatamente o que ele precisava fazer para começar a gerar resultados.

Eu disse: Calma, você não precisa fazer NADA disso agora.

O que você está realmente fazendo NÃO é criar um negócio através da internet, você está criando CUSTOS, que em um primeiro momento são extremamente desnecessários.

A ÚNICA coisa que você precisa agora é gerar vendas.

Melhor do que isso, gerar vendas da maneira mais simples, barata e rápida possível.

Se você quer vender online, você precisa aprender a gerar um caixa rápido. Em outras palavras, você precisa montar uma oferta irresistível. Ponto.

O "Tiro no Pé" dos Empresários do Mundo Online...

Eu preciso que o leitor preste bastante atenção agora.

Se você aprende a montar uma Oferta Irresistível... BINGO!

Você muda o seus números quase da noite para o dia. Eu estou falando de uma ÚNICA oferta bem feita capaz transformar um "caixa no vermelho" em um "caixa no azul".

Dá uma olhada nessa imagem.

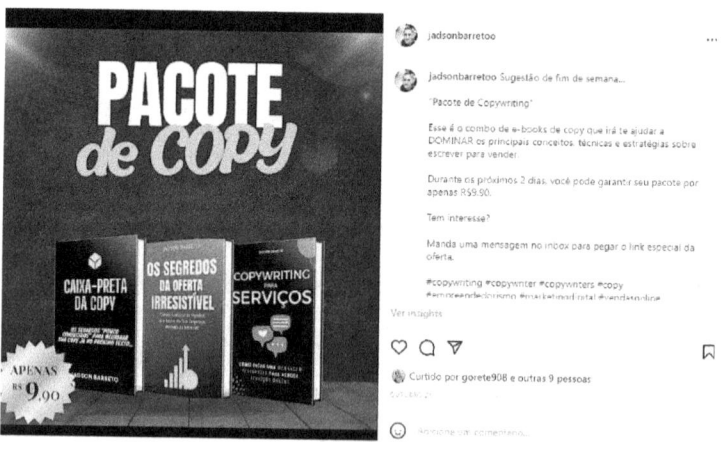

A imagem acima é um exemplo de uma de nossas ofertas "best seller", ou seja, a oferta mais vendida. Repare bem, que eu pego 3 livros digitais sobre um mesmo tema, no caso, copywriting e vendo como Pacote.

E ainda faço um cupom especial válido durante 2 dias.

Ou seja, o pacote de e-books que normalmente é vendido por R$60,00 foi oferecido por apenas R$9,90.

Reparou no poder dessa oferta? Eu pego 03 livros de um TEMA considerado "quente" no momento, faço um pacote e ainda vendo por menos de 10 reais.

Sério, o que você acha que pode acontecer?

Isso! vendas, vendas e vendas!!!

Sabe o que é melhor? Eu acabo gerando uma base de clientes com "potencial altíssimo" para comprar outros produtos.

Por exemplo: Cursos, Mentorias e Consultorias...

O problema é que a maioria das pessoas não fazem a mínima ideia de como criar uma *oferta atrativa, persuasiva e extremamente poderosa para vender o seu produto ou serviço online*.

Em outras palavras, não sabem como criar um **desejo ardente de compra** pelo o que eles vendem.

Sabe o que é pior?

A maioria está focando mais em "aparecer", e deixando de lado o que realmente gera resultados para qualquer empresa, as vendas.

O Erro Número 01 na Hora de Vender Online...

Antes de falar sobre esse erro, eu preciso explicar "na prática" o que é uma oferta irresistível.

Na minha visão limitada, um dos maiores desafios das pessoas que querem começar ou escalar suas vendas no mundo online, está exatamente em saber o que é uma oferta irresistível.

Eu gosto do conceito que diz:

"Uma oferta Irresistível é fazer o cliente "pensar" que está levando muito, pagando bem pouco.

Preste atenção na palavra "fazer". Por trás dessa palavra está escondido o grande segredo de uma oferta irresistível.

Eu vou tentar explicar isso melhor.

Vamos RESSIGNIFICAR a palavra "fazer" por "perceber".

Se você fizer uma pesquisa pelo significado de "perceção" vai encontrar algumas respostas bem interessantes.

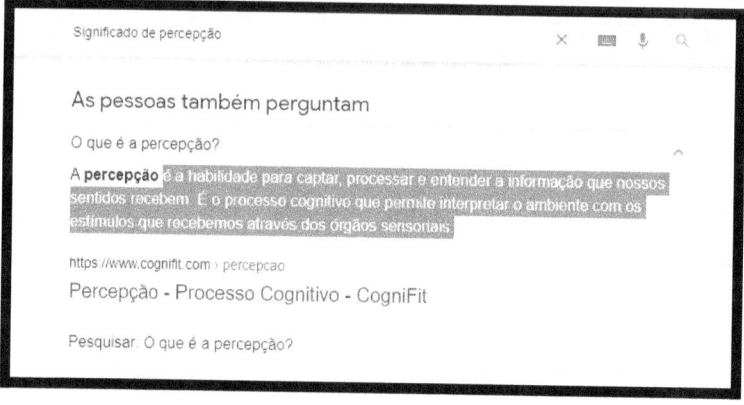

Eu gosto desse significado que diz mais ou menos assim:

"É a capacidade de captar, processar e entender a informação que nossos sentidos recebem.

É o "processo cognitivo" que permite interpretar o ambiente com os ESTÍMULOS que recebemos através dos órgãos sensoriais."

Ou seja, para gerar uma PERCEPÇÃO de que o cliente pode levar muito pagando bem pouco, você precisa gerar estímulos na mente do seu público.

Eu gosto de chamar isso de *"apertar os botões de compra que existem na mente"*.

E para apertar esses botões (estímulos) na mente do público da maneira mais eficiente possível, você precisa entender que existem perfis de consumidores.

Em outras palavras, as pessoas compram por determinados motivos.

Por exemplo: Existem pessoas que facilmente são estimuladas com a "percepção de volume".

Ou seja, são aquelas pessoas que tendem a comprar mais pela quantidade e não pela qualidade.

Exemplo prático: O famoso "Dogão".

Na prática o dogão é um cachorro quente gigante, que em alguns casos é vendido por um preço bem acessível.

Esse tipo de oferta atrai um determinado tipo de público.

Por outro lado, existem pessoas que gostam de algo mais "premium", vip.

Aqueles pratos "chiques", coloridos e "caros" que quase não tem o que comer rs

Muitas pessoas são atraídas por esse tipo de oferta/produto/experiência.

O que eu quero que você entenda é o seguinte:

Determinados estímulos ATIVAM determinados perfis de compradores.

Quando você entende e domina isso, suas ofertas ficam muito mais atrativas, persuasivas e poderosas.

Esse é o grande segredo.

É isso o que gera o que é conhecido como: *um desejo ardente de compra.*

Ou você Aprender a Criar um Desejo Ardente de Compra Ou Dificilmente Você irá Conseguir Vender Online...

Se você quer vender usando a internet e gerar um caixa imediato para o seu negócio, você precisa urgentemente aprender a criar ofertas irresistíveis.

Mas antes de entrar nos detalhes dos pilares da oferta irresistível, eu preciso entregar uma chave que irá mudar totalmente a sua visão sobre vendas online.

Comece a Pensar Como um Empresário e Não Como uma "Celebridade da Internet" ...

O maior ERRO da maioria das pessoas é achar que para vender online, você precisa primeiro ser uma grande celebridade, ter milhões de seguidores, ter audiência, ter uma certa "fama", para que somente depois possa começar a vender.

Esse tipo de mentalidade acaba deixando muitos empresários frustrados. E principalmente, paralisados.

O motivo?

Esse caminho além de muito demorado e trabalhoso, em muitos casos, é também "o menos lucrativo".

Há alguns dias atrás, eu estava assistindo uma live de uma empresária do nicho de emagrecimento.

Nessa live, ela estava fazendo um discurso bem sério e com os olhos cheios de lágrimas.

Ela estava informando para o seu público que iria literalmente apagar a sua conta do Instagram com mais de 1 milhão de seguidores.

Eu pensei: Nossa! Por que "raios" ela vai fazer isso? Por qual razão?

Durante a live ela deu 2 motivos:

01- Um novo Ciclo.
02- A falta de Resposta daquele perfil.

Na mesma hora eu pensei: Como pode um perfil com mais de um milhão de pessoas não gerar resultado?

Aquilo me deixou bastante intrigado.

Foi então que ela disse o seguinte: *"Eu construí essa audiência de seguidores com base em sorteios, parcerias, e uma visibilidade de alguns programas de TV que participei"*.

Ou seja, o que ela estava dizendo na prática era que grande parte daqueles seguidores não estavam interessados nos seus cursos e treinamentos.

Naquele momento tudo começou a fazer sentido.

Você não constrói uma audiência com base em seguidores, *você constrói uma audiência com base em clientes.*

BINGO!!!

Aquela empresária queria a todo custo ter seguidores. De fato, ela conseguiu.

O problema é que ela atraiu o pior tipo de seguidor possível.

O seguidor que não compra. O seguidor que não tem interesse pelo o que você vende.

Esse é o ponto chave.

Mas afinal, como ATRAIR pessoas qualificadas?

Como atrair pessoas com INTENÇÃO de compra?

Como construir uma audiência com base em CLIENTES?

Qual o PRIMEIRO passo?

A resposta é simples: Faça ofertas.

Construa a sua audiência com base nas suas ofertas.

Atraia pessoas que tenham interesse nas suas ofertas.

Dessa maneira, além de atrair pessoas interessadas no que você tem para vender, automaticamente, você afasta os curiosos ou pessoas que nunca irão comprar nada.

Tá fazendo sentido?

Não Importa Se Você é Iniciante ou Experiente no Marketing Digital, O Seu Maior Objetivo deve Ser Gerar Vendas AGORA

Pense sobre isso. Você precisa criar uma mentalidade focada em gerar resultados de vendas.

Eu sei que você deve está se perguntando: *Mas eu não preciso construir uma autoridade?*

Eu não preciso criar uma audiência?

E criar relacionamento com meus leads não é importante?

Eu não preciso criar uma presença online de valor?

Claro que precisa. E é claro que essas coisas são importantes.

O que eu estou falando é que existem momentos e prioridades.

Além disso, você pode ir construindo tudo isso e <u>ao mesmo tempo, fazendo ofertas, vendendo e ganhando dinheiro.</u>

Você pode entregar conteúdos, valor, construir uma presença online, lista, desde que você venda ao mesmo tempo.

Vai criar um conteúdo no instagram? Venda no final.

Vai entregar uma material gratuito para construir lista? Venda no final do material.

Vai escrever um livro digital? Venda dentro do livro.

(Pode esperar que mais adiante terá próximos passos, ok? rsrs)

Esse é ponto chave, entregue algo de valor, mas SEMPRE convide para um próximo passo. Sempre.

Foi assim que eu comecei as minhas primeiras vendas no digital.

Enquanto eu estava criando uma lista de e-mails e presença online, eu também estava vendendo e-books e prestando consultorias.

Simples assim.

Nesse Exato Momento, Já Existem Pessoas Prontas para Comprar O Que Você Vende...

Eu sei que posso correr o risco de parecer repetitivo, mas é muito importante que você consolide esse conhecimento.

Se você quer gerar vendas online, coloque uma coisa na cabeça: A única coisa que você deve se concentrar é em dar "incentivos" para que as pessoas comprem agora.

Em outras palavras, criar um desejo ardente de compra.

No entanto, para criar esse desejo, você precisa dar um motivo para as pessoas tomarem uma ação agora.

É muito comum ver pessoas gastando o seu precioso tempo na criação de belas artes para suas postagens no Instagram. Foco total no visual.

E tá tudo certo, quando você não esquece de vender.

Recentemente, eu vi um empresário perdendo uma tarde inteira em uma discussão sobre as cores da página de vendas.

O consultor de vendas queria uma tonalidade mais "clean" e o empresário queria algo mais colorido, algo na identidade visual da marca.

Enfim, foram quase 4 horas de discussão em que ele poderia estar sendo mais produtivo fazendo uma aula, vídeo ou ação de vendas…

Ou você cria ofertas para as pessoas que já estão prontas para comprar, ou você vai deixar MUITO "dinheiro na mesa".

Sério, você realmente acredita que nesse "brasilzão de meu Deus" não existe uma pessoa interessada na solução que você oferece e que possa pagar agora?

Claro que existe! e existem aos montes.

O ponto-chave é: Você PRECISA oferecer do jeito certo para as pessoas certas.

Você PRECISA se concentrar em criar ofertas que gere um senso de urgência. Ofertas que criem um **desejo ardente de compra.**

Ofertas que faça as pessoas dizer:

"Nossa! não posso perder essa oportunidade..."

Eu preciso disso agora!

Pegou a ideia?

Criar uma Oferta Irresistível é o Primeiro Passo para Iniciar a "Jornada do Lucro" no Marketing Digital...

Entenda uma coisa importante: Você precisa desenvolver uma visão de negócios, ter estratégias de vendas e principalmente, entender de pessoas.

Você precisa entender como funciona a mentalidade consumidora. Entender que existem diferentes tipos de clientes.

Mais do que isso, entender que cada perfil, compra por um determinado estímulo.

Com base em tudo isso, você irá aprender **Os 03 Pilares para Criar uma Oferta Irresistível.**

01- Geradores de Impacto: (O Modelo de Negócios do Líder, Marca e Método)

02- Descubra o Cliente Ideal: (Ansioso, Curioso e Cético)

03- Acelerador de Lucros

Esses são os pilares que vão nos guiar de agora em diante.

Você terá a chance de entender o processo mestre para aumentar suas vendas através da internet.

No primeiro pilar, vamos detalhar quais os modelos de negócios que geram impacto imediato na mente das pessoas.

Depois, nós vamos falar sobre os tipos de clientes, e como descobrir o cliente perfeito.

E no último pilar, vamos detalhar os tipos de oferta mais poderosas para usar nesse exato momento.

E é exatamente isso que você irá aprender nas próximas linhas e capítulos.

Eu vou te ajudar a transformar uma oferta comum em uma proposta de vendas muito mais irresistível.

Mas antes de aprofundar nos pilares, deixa eu te contar um pouco dos bastidores de como esse livro começou.

Prometo que será bem rápido.

O Que Eu Descobri Depois de "Quase 2 Anos" Tentando Gerar o Primeiro Resultado no Digital...

Em 2017, eu tomei a decisão de que eu iria trabalhar com marketing digital.

Quem me conhece mais de perto, sabe que eu sou pouco "apressado" com as coisas. Eu não tenho muita paciência para esperar por algo. Eu sou pouco imediatista.

Naquela época, a estratégia mais usada no mercado digital eram os lançamentos.

Já existiam várias pessoas no mercado usando essa estratégia. Algumas, estavam fazendo MUITO dinheiro com essa estratégia.

Ver todos aqueles resultados, me deixou bastante impressionado, e ao mesmo tempo, muito empolgado com aquela possibilidade.

6 dígitos de faturamento em 7 dias, 7 em 7, 8 em 7, etc e etc.

Aqueles resultados eram simplesmente surreais.

Eu lembro que pensei: *"Eu quero isso para mim também"*.

Foi então que eu comecei a minha busca por conhecimento. Eu comprei livros, cursos e alguns treinamentos.
A minha meta era fazer o "tão famoso" lançamento. Ou melhor, eu queria fazer o 6 em 7.

O grande problema foi que logo de cara me deparei com os seguintes obstáculos:

01- Horas e horas de aulas para aprender o método
02- Criação de lista de e-mails
03- Construção de autoridade
04- Geração valor
05- Produção de conteúdos relevantes
06- Desafio de 365 vídeos (*um por dia... nossa! só essa já seria o bastante para me desmotivar rsrs*)
07- Muita grana para investir em tráfego (muita mesmo).
08- Gatilhos mentais

E a lista continuava....

Eu me deparei com "trocentas" atividades que eu não tinha "condições" e nem a mínima ideia de como fazer ou realizar naquele momento.

Eu confesso que era tanta informação, e tantas atividades para fazer que eu não sabia realmente por onde começar. Qual o primeiro passo.

Aquela situação me deixou completamente perdido e frustrado. Eu literalmente travei diante daqueles desafios.

Sabe o que era pior?

Era ensinado (*quase doutrinado*) que para vender online, você precisava fazer tuuuuudo aquilo.

Encurtando a história.

Eu confesso que passei ANOS "travado". Eu passei quase 2 anos sem conseguir sair do lugar.

Quase 2 anos refletindo sobre tudo aquilo e com algumas pequenas iniciativas, porém, todas um completo fracasso.

Em outras palavras, muitas atividades que era praticamente impossível um INICIANTE colocar em prática com sucesso.

No meio de toda aquela frustração, eu pensei:

Será que não existe uma maneira mais fácil de vender um produto ou serviço online?

Não existe uma maneira mais rápida de gerar uma primeira venda no digital?

Como eu vendo sem construir uma audiência, autoridade, sem precisar fazer um vídeo por dia, durante 365 dias?

Aquelas perguntas ficaram dias martelando na minha cabeça... Passei noites sem dormir direito procurando a resposta para aquelas perguntas:

Até que um dia eu tive acesso a um material que dizia o seguinte:

Quanto mais FORTE é a sua oferta... mais RÁPIDO e mais FÁCIL você vende...

Bingo!!!
Bingo!!!
Bingo!!!

Eu disse: É isso! Aqui está a resposta. Criar ofertas FORTES. Ofertas que dificilmente o seu cliente irá ignorar. Criar ofertas irresistíveis.

Sabe o tão sonhado lançamento?

Nunca aconteceu... mas tomei uma decisão que mudou totalmente a minha visão sobre vendas pela internet.

E essa decisão foi...

"Caminhos que gerem resultados imediatos e com menor esforço possível..."

Hoje, eu vendo e-books, cursos online, mentorias, consultorias, simplesmente com ofertas irresistíveis.

Se eu vendo um e-book, eu libero um bônus, se eu vendo um mentoria, libero um cupom de desconto, crio pacotes, transformo uma vendas em duas, etc e etc.
Felizmente, é exatamente isso que você irá aprender.

Nos próximos capítulos eu vou te ensinar todos os caminhos para você montar uma oferta irresistível, criar um desejo ardente de compra. Mais do que isso, como transformar desconhecidos em CLIENTES.

Preparado? Então vamos lá.

Capítulo 02:

Geradores de Impacto: Descubra os 03 Elementos que Geram Impacto Imediato nas Pessoas...

No capítulo anterior eu falei sobre a importância de uma oferta para qualquer negócio, principalmente um negócio que usa a internet para vender.

Eu falei também que existem muitas pessoas que preferem ter milhões de seguidores, ficarem conhecidas e famosas ao invés de focar nas vendas e o LUCRO da sua empresa.

Falei que mais importante do que a quantidade de atividades é vender de maneira inteligente, imediata e com menor esforço.

Agora, eu preciso que você preste muita atenção. Pois chegamos na parte mais importante desse livro.

O que eu vou te apresentar nas próximas linhas pode mudar literalmente os resultados do seu negócio quase da noite para o dia.

O motivo? Foco total nos elementos de oferta irresistível.

Preparado?

Mas antes, eu preciso esclarecer algo muito importante.

Existem 2 níveis de para aplicação prática desses conceitos.

01- Discurso
02- Incentivos

Em outras palavras, tudo que eu apresentar para você a partir de agora pode e deve ser aplicado no seu DISCURSO e INCENTIVOS de vendas.

Combinado? Pois bem.

Os 03 Geradores de Impacto Imediato...

Existem 03 geradores de impacto para vender online.

01- Líder
02- Marca

03- Método/Comunidade

Eu vou explicar cada um deles.

Antes de tudo, quando eu falo sobre gerar impacto pense o seguinte:

O "peso" de um modelo de negócios como APOIO para alguém que vende algo.

Eu vou tentar explicar isso melhor.

Imagine o seguinte cenário.

Você está na praia e é abordado por um vendedor de óculos ambulante.

Ele começa a mostrar alguns modelos de óculos.

Até que um dos modelos despertou o seu interesse.

Porém, você está inseguro. Algo não está te deixando confiante em abrir a carteira, tirar o dinheiro e pagar aquele vendedor.

Você gostaria de alguma garantia, você não confia naquele tipo de lente, na armação, etc e etc.

É uma situação de extrema "dúvida".

Agora imagine a mesma situação, com uma mudança de cenário: O mesmo vendedor, em uma loja de um shopping center, vendendo o mesmo óculos.

Porém, ele está fardado com a logo de uma marca muito conhecida estampada na sua farda.

Você pode até não comprar o óculos por "n" motivos, mas o "peso" que a marca dá para aquele vendedor é algo muito poderoso.

Automaticamente quebra todas as objeções que eu citei anteriormente.

É assim que funcionam os geradores de impacto.

Elementos que influenciam a nível consciente e subconsciente uma compra.

01- Líder
02- Marca
03- Método/Comunidade

Eu vou explicar em detalhes cada um deles.

LÍDER: Aqui é o grande líder, influenciador carismático. O papel da autoridade.

É o modelo de negócios que foca no líder como a principal figura da empresa.

Ele que aparece, ele que vende.

Esse é o modelo ideal para quem deseja começar a vender usando a internet.

Se você reparar em alguns comerciais e propagandas de TV, irá notar que muitos são apresentados por celebridades e famosos.

O motivo? É bem simples.

01- Pegam carona na audiência do famoso.

02- Alguém que assuma esse papel de líder.

GRAVE ISSO: Pessoas se conectam facilmente com outras pessoas.

O grande problema desse modelo *"falando em termos de internet"* é que depois de um certo tempo, todo líder é colocado à prova.

Ou seja, quanto mais tempo e notoriedade, mas ele é colocado em um estado de dúvida.

Ele começa a ser atacado, a sua reputação começa a ser atacada. É nesse momento que começam a surgir os "haters".

Adoro seu conteúdo...
Ele é muito bom
Eu te amo...
eu te amo...

"Eu te odeio..."

Se o líder não construir uma uma MARCA para servir como apoio, os seus resultados podem cair drasticamente.

E esse é o nosso segundo gerador de impacto.

MARCA: Nesse caso, o segundo gerador de impacto é a marca.

Para você entender melhor esse segundo elemento, pense na famosa "carteirada".

Ou seja, uma empresa que tenha FATOS VISÍVEIS para apresentar, para mostrar.

Por exemplo:

01- Quantidade de clientes
02- Quantidade de funcionários
03- Tamanho de evento
04- Tempo de mercado
05- Quantidade de vendas

Aqui o FOCO principal é no valor "quantitativo".

Mas um valor quantitativo dentro de um contexto específico.

Deixa eu dar um exemplo prático.

Recentemente, eu vi uma página de vendas de uma empresa que vendia uma ferramenta de gestão de negócios digitais.

E ela estava usando muito bem esse princípio da QUANTIDADE.

"Estou falando de um resultado de verdade, para mais 13.413 empreendedores que nós acompanhamos de perto.

Estou falando de +500 milhões de emails disparados e mais de 30 milhões de leads..."

Percebe?

O ponto é, existem pessoas que podem não gostar do líder, mas são impactadas com a marca.

A marca serve como uma espécie de proteção para o líder quando falamos em termos de credibilidade.

Esse é o segredo.

Concorda comigo que existem pessoas que são extremamente "céticas" em relação ao que outras dizem?

Provavelmente você deve conhecer pessoas assim.

Pessoas que sempre discordam ou sempre tem uma posição em relação a tudo ouvem.

Agora imagine o seguinte cenário.

Uma pessoa "cética" olha para uma apresentação de vendas e pensa mais ou menos assim:

Eu estou um pouco desconfiado com o que ele diz. Eu não sei quem é essa pessoa... Não sei se ele pode realmente me ajudar...

No entanto, durante a sua apresentação, você fale sobre a sua empresa, sobre seus clientes, sobre quanto tempo você está no mercado, etc e etc.

O que pode acontecer com um cético?

Hum... mas ele construiu uma empresa com isso... Olha quantos clientes... Olha quanto tempo de mercado, ele não é aventureiro... Eu acho que posso confiar...

Entenda uma coisa: Existem pessoas que neste momento só não compram de você, por causa da *"falta de evidências"*. Ponto.

E a marca tem esse grande poder de gerar PERCEPÇÃO de impacto nas pessoas.

Se você tem esse números, você precisa mostrar INCANSÁVELMENTE isso.

Grave isso: Elementos que PROVEM a eficiência do produto/serviço/método.

Outro ponto importante da marca são os alunos. Ou seja, os depoimentos.

É muito importante se você vai vender como "marca" usar depoimentos.

Mostrar que existem pessoas que estão satisfeitas por ter acesso a sua solução.

Isso faz toda a diferença em termos de credibilidade.

Faz sentido?

O grande ponto é: impacto gera vendas...
Impacto gera vendas.

MÉTODO/COMUNIDADE: O terceiro gerador de impacto é o método.

O método é quando você tem um caminho que ajude a gerar resultados para as pessoas.

Um CAMINHO que as pessoas possam testar.

Um caminho que se colocado a teste, seguindo todas as recomendações, as pessoas terão o resultado esperado.

É muito comum, nesse modelo, o método se tornar mais conhecido do que o próprio líder e a marca.

MAS Como causar impacto com o método?

É bem simples: 5 letras. P.R.O.V.A.

Se o método realmente funciona, você deve colocá-lo à prova.

Por exemplo.

Olha, vem cá! Eu te desafio a colocar em prática o meu método durante 15 dias...

Se durante 15 dias você não conseguir NENHUM *tipo de resultado... eu devolvo o seu investimento...*

Sempre que vender "como método" é muito importante que você fale com segurança e firmeza.

Tá ficando claro?

Existem Perfis de Pessoas que Se Conectam Mais com Determinados Modelos de Negócios...

Não tem segredo. Se você quer gerar uma conexão com todos os públicos, você precisa "inserir" os 03 geradores de impacto nas suas vendas.

Existem pessoas que vão se conectar facilmente com o líder.

Outras, vão se conectar melhor com a marca.

E existem aqueles que querem fazer parte da comunidade. O método é mais relevante.

O ponto CHAVE é: Você precisa "transitar" entre os geradores para buscar uma identificação e conexão com o maior número de pessoas possível.

Quando você consegue inserir os 03 geradores de impacto nas suas vendas.

Jogo ganho!

O Gerador de Impacto Determina a Argumentação, Discurso e Oferta...

Preste bem atenção.

Para cada tipo de gerador de impacto existe um determinado tipo de argumentação.

Por exemplo.

Se o líder vai vender, você precisa seguir uma linha de argumentação e oferta.

Uma linha de especialista. É muito importante que você fale de algo mais avançado.

Produtos que geram uma proximidade, são bons produtos para serem vendidos pelo líder.

Se vai vender como marca, existe uma comunicação ideal.

A sua comunicação precisa ser mais aberta. Mais Geral. Mais institucional.

Produtos de menor valor são bons produtos para serem vendidos como marca.

Se o FOCO é o método, outra linha deve ser seguida.

Se eu pudesse te dar um único conselho sobre os geradores de impacto seria o seguinte: <u>Cada gerador ATRAI um tipo de cliente.</u>

Exercício Prático:

Dê uma olhada nos negócios que você conhece ou admira.

Repare como eles vendem. Quais os geradores de impacto estão sendo trabalhados.

Volte nessa leitura e reflita quantas vezes for preciso sobre esse assunto.

A nossa mente precisa de reflexão e repetição sobre algo para memorizar melhor novos assuntos, combinado?

Muito bem.

No próximo capítulo vamos falar sobre os 03 tipos de públicos.

E mais, como encontrar o cliente ideal.

Espero que você esteja preparado...

Capítulo 03:

Como Encontrar o Cliente Ideal: Os 03 Tipos de Públicos

Eu não sei qual tipo de estratégia você usa para vender hoje.

É muito provável que você ainda não tenha bem definida a sua estratégia de vendas.

Mas pouco importa em um primeiro momento. Pois quando você sabe para "quem" você irá vender, fica muito mais fácil saber "como" irá vender.

Existe uma "premissa" que diz o seguinte: *Para QUEM você irá vender define o O COMO você irá vender.*

Preste muita atenção agora. Eu vou tentar ser o mais simples e didático possível.

Existem 03 tipos de públicos para vender online.

01- Frustrado/Ansioso
02- Curioso/Empolgado
03- Inteligente/Cético

Eu vou te explicar em detalhes cada um deles.

Vamos começar pelo frustrado.

FRUSTRADO/ANSIOSO: O frustrado é aquele tipo de cliente que já testou várias soluções, mas NADA funcionou.

Ele está cansado de buscar alternativas e nenhuma delas conseguir atender suas necessidades.

Ele é um tipo de cliente que está literalmente de saco cheio.

EXEMPLO: Vamos pegar o nicho de emagrecimento.

Pense naquela pessoa que está desesperada para emagrecer.

Já fez várias dietas, cortou alguns alimentos, tentou vários exercícios, entrou na academia, etc e etc...

PORÉM, continua engordando só de "ver uma coxinha".

Ele não aguenta mais tentar outras coisas, está nas suas últimas tentativas.

Para vender para esse tipo de público, você precisa falar com um TOM de esperança.

Por exemplo: *"Olha, se você AINDA não conseguiu resolver X, provavelmente, é porque você não fez Y.*

Ou não está fazendo do jeito certo. Quando você começar a colocar isso em prática, os resultados irão começar a aparecer."

Faz sentido?

Existe uma diferença entre o **Frustrado** e o **Ansioso.**

FRUSTRADO: Ele não consegue ter resultados.

ANSIOSO: Ele já teve alguns resultados, mas não consegue repetir OU está ansioso por mais resultados.

Você precisa levar isso em consideração, tanto no seu discurso quanto nos seus incentivos.

Pegou?

Cético: Para entender o cético, tente imaginar aquele tipo de pessoa que não acredita em nada que estão dizendo.

Ele tem uma "resistência" em acreditar que algo realmente funciona. É aquele tipo de público mais desconfiado.

Nesse caso, para chamar atenção do cético na sua apresentação, você precisa trabalhar dois pontos:

01- Discurso mais indireto
02- Elementos de marca
03- Pré-requisitos

Pense sobre isso.

Imagine que um cético está vendo a sua apresentação de vendas.

O cético é aquele que fica lá do outro lado balançando a cabeça.

Ou seja, ele não acredita em nada que está sendo dito, na visão de mundo de um cético, todos estão mentindo. Ele é muito desconfiado.

Para chamar a atenção desse tipo de público, você pode seguir algumas linhas.

Por exemplo: Carteirada.

Nesse caso, você mostra o máximo de elementos da sua empresa.

Você ativa ele com um impacto de grandeza.

01- Número de funcionários
02- Número de clientes
03- Tamanho da empresa
04- História da empresa

Aqui o FOCO é impactar o cético com elementos de MARCA.

Outra característica desse público é que ele é um público "inteligente". Em outras palavras, ele tende a ser atraído por um DISCURSO mais especializado, uma argumentação mais profunda/avançada.

Novamente vamos usar o exemplo do nicho de emagrecimento.

Você poderia facilmente trabalhar títulos como esses:

Por que o jejum funciona?

Você sabe o que é a dieta cetogênica?

Esse público é facilmente atraído por conteúdos avançados.
e POR ÚLTIMO e não menos importante é a PROVA.

Mas não é uma prova no sentido de mostrar resultados. É uma prova em termos de DETALHAMENTO.

EXEMPLO: *Se você quer 1, 2, 3... Você precisa de 1, 2, 3...*

MAS atenção, só use essa estratégia se realmente estiver decidido em colocar em prática do jeito certo.

O motivo? Não é TÍPICO esse tipo de resultados. MAS se você tomou a DECISÃO de fazer 1, 2, 3...

Eu vou te mostrar exatamente o caminho em detalhes...

Pegou a ideia?

Empolgado/Curioso: É aquele tipo de pessoa que está em fase de empolgação.

É um perfil que compra tudo que tenha relação com aquilo que ela está aprendendo.

Vamos pegar novamente o exemplo do emagrecimento.

Ela vai entrar na academia, vai comprar alimentos mais saudáveis, vai comprar um livros, cursos, acompanhar comunidades sobre emagrecimento e boa forma.

Ou seja, ele quer sempre MAIS.

Outro ponto importante, é que ele é facilmente impactado pelo líder.

MAS, se você usar elementos de marca "reforça" mais ainda o impacto nesse tipo de público.

Outra grande característica desse público é que ele é curioso.

E como falar como chamar a atenção de um curioso? É simples, você usa o mistério.

Usar o TOM de mistério no seu discurso ATRAI esse tipo de público. O curioso não resiste a um mistério.

Aspectos sociais também conversam bem com o empolgado.

Como vender para um empolgado/curioso?

Não existe nada mais poderoso para vender para um empolgado do que simplesmente deixar ele experimentar seu produto/serviço.

Deixe que ele sinta o gosto de ter o seu produto. Deixe que ele saboreie por alguns instantes.

É por isso que existem os tests drives, amostras grátis, etc e etc...

Como levar isso para o digital?

É simples, você deixa com que as pessoas experimentem a sua solução de uma **maneira incompleta**.

Por exemplo:

01- Aula experimental
02- Sessão de mentoria experimental
03- Sessão de consultoria gratuita
04- PDF (Visão geral da Solução)

Enfim, a ideia é a "experimentação".

Outra variação desse tipo de público é o "Faminto". É o tipo de cliente que ADORA a ideia de volume.

Ele gosta de comprar algo barato, mas SENTIR está levando muita coisa.

Quando você for criar uma oferta para esse tipo de público você tem que pensar o seguinte:

Você vai levar 1, 2, 3 e ainda 4... por apenas X reais...

Pegou a ideia?

Mas se eu pudesse resumir tudo isso em uma ÚNICA palavra seria: VANTAGEM.

Ou seja, o GRANDE segredo para ATIVAR esse perfil é coloca-lo em uma posição de VANTAGEM.

Esse é o verdadeiro segredo.

Esse livro que você está lendo agora, é um PURO exemplo de um algo criado com FOCO em um empolgado.

Desde o título (O Segredo da Oferta Irresistível).

O conteúdo (Os 03 Pilares da Oferta Irresistível)

Eu vou explicando exatamente os passos, os pilares, as técnicas.

Se você está em um momento empolgado, provavelmente suas mente deve estar explodindo nesse momento.

Espero que você esteja curtindo esse livro tanto quanto eu estou.

No próximo capítulo você irá aprender em detalhes os aceleradores de lucro.

Preparado?

Capítulo 04:

Acelerador de Lucro: O segredo para Transformar Desconhecidos em Clientes

Chegamos ao terceiro e último pilar da estratégia. Agora é a hora de "disparar o gatilho de compra" que existe na mente dos consumidores.

O que eu vou te apresentar nas linhas a seguir é uma parte muito importante, peço que o leitor preste bastante atenção.

Existem 03 GRANDES objeções que *impedem o público de comprar o que você vende hoje*, são elas:

01 - Urgência
02 - Confiança
03 - Necessidade

Eu vou te explicar em detalhes cada um deles.

Urgência: *"Eu preciso disso agora? Ou eu quero... mas eu posso esperar..."*

Se você quer criar um senso de urgência, existem duas premissas básicas:

01- Algo que eu quero ganhar agora (ganho imediato)
02- Algo que eu não posso perder hoje...(medo de perder)

Preste bastante atenção, pois existe uma linha tênue entre esses dois pontos.

É muito fácil gerar uma confusão entre as premissas.

Quando você vai trabalhar com *"algo que não posso perder hoje"*.

Você utiliza as seguintes ofertas:

01- Desconto
02- Pacotes
03- Compre 1 e leve 2
04- Downsell
05- Bônus

O ponto central aqui é a ideia de perda.
Exemplo: Se você não fizer x, você perde y.

Se você não comprar até hoje ás 23:59h você não irá aproveitar o desconto especial de 50%.

Ou seja, quando você tem direito a um desconto, "na prática", você não ganhou um desconto, você tem a oportunidade de NÃO PERDER o desconto.

E isso, são duas coisas diferentes (Apesar de serem bem parecidas)

A segunda premissa (ganhar algo hoje) envolve a venda de **exclusivo, seleto, próximo nível, sofisticado, avançado, algo mais caro, vip,** etc, etc.

Outra coisa importante é entender que objeção da urgência está muito relacionada a produtos físicos.

O motivo? É bem simples.

A maioria das pessoas tende a prolongar a decisão de comprar produtos físicos.

Deixa eu dar um exemplo muito comum..

Você gosta de corrida, mas o seu tênis está bem desgastado.

Entretanto, apesar da situação, ainda dá para correr algumas vezes e você gosta muito dele.

O que você acha que irá acontecer?

Isso mesmo, provavelmente, você irá postergar a decisão de comprar um novo.

É muito comum ver pessoas adiando a compra de produtos físicos, elas querem, sabem que precisam, mas estão sempre deixando para depois.

Você já reparou nos comerciais e propagandas de produtos físicos?

Oferta especial somente até amanhã, é só até amanhã... Só até amanhã mesmo!!!

Eles entenderam esse princípio. Mais do que isso, a sua oferta e discurso tem como FOCO quebrar essa objeção.

Faz sentido?

Confiança: *"Essa é a melhor opção?"*

Se você quer vender serviços (principalmente online), você precisa entender que existe uma objeção muito forte que precisa ser quebrada: a *Confiança* no prestador de serviço.

Será que ele é a melhor opção? Posso confiar nessa empresa?

O problema é que muitos sequer pensam em primeiro gerar confiança para depois vender

Ou pior, muitos prestadores de serviços sequer fazem ideia desse conceito.

Ninguém contrata o primeiro prestador de serviço que ver na internet.

Ele precisa MINIMAMENTE se sentir confiante para contratar um serviço.

Vamos para o exemplo prático? Indicações.

Porque as "indicações" ou como é conhecido o "boca a boca" é tão importante?

Porque geram confiança.

Outros elementos de oferta para quebrar a objeção da confiança:

01- Indicação
02- Comunidade
03- Acompanhamento
04- Histórias
05- Estudo de casos

Necessidade: *"Eu preciso disso?"*

E por último e não menos importante é a necessidade. Nesse caso, está muito relacionada com a venda de produtos digitais.

Um rápido parêntese, apesar das ÊNFASES em determinados modelos de negócios, TODOS às 03 objeções existem em cada um dos modelo, ok?

O importante é entender qual objeção é mais forte em cada modelo.

Voltando para objeção da NECESSIDADE.

Ninguém acorda pela manhã pensando:

Olha que belo dia, preciso comprar um e-book ou um curso online, uma mentoria...

Muitas pessoas até reconhecem que tem um problema, mas praticamente se acostumam a viver com ele.

Por exemplo: *Se você ainda não tem um livro digital, você está deixando na mesa pelo menos 6 dígitos por ano de faturamento.*

O ponto é, a pessoas pode até saber que ter um livro digital é importante, MAS o dever de um produtor digital é criar cenários que gerem uma necessidade de próximos passos.

Não se quebra objeções com ARGUMENTOS... você quebra as objeções com OFERTAS...

A verdade é que se você quer gerar vendas agora, você precisa quebrar as objeções. Ponto.

Melhor do que isso, você precisa montar ofertas, levando em consideração, as objeções e usando os pilares que eu apresentei nos capítulos anteriores...

Quando você fizer isso, provavelmente, você irá notar pessoas perguntando pelo o que você vende, pessoas pedindo orçamentos, pessoas realmente interessadas no que você tem para oferecer.

Sabe o que é melhor? Pessoas comprando. Lucro para o seu negócio.

É isso que você pode esperar quando começar a colocar em prática TODOS esses conceitos e técnicas apresentados durante o livro.

O Nosso Próximo Passo?

Se você chegou até aqui eu quero te dar meus parabéns, pois mostra que você está sério na decisão de vender através da internet.

Lembrando que todos os pilares apresentados podem ser usados tanto no mundo físico quanto no online.

Os princípios são os mesmos, claro que determinados nichos e mercados precisam de algumas adaptações.

Mas, se você entender a principal mensagem deste livro, que é: *Se você quer vender agora, você tem que dar uma razão para as pessoas comprarem agora.*

O meu dever como professor já estará comprido :)

Enfim, estamos nos aproximando do final e a sensação é de gratidão por está passado essa mensagem que não é só importante, mas também é única.

Espero de coração que os ensinamentos deste livro possam te ajudar e guiar na meta de vender usando a internet.

Hoje é um dia muito especial...

O motivo? Eu me lembro bem o exato momento que eu tomei a decisão de aprender.

O momento em que "arregacei" as mangas e comecei a colocar em prática as estratégias que mostrei para você.

Esses foram exatamente os princípios que geraram as minhas primeiras vendas e me ajudam a vender até HOJE.
Eu torço com toda a força do meu coração que te ajude também, OK?

Bom, agora tem em mãos o mapa para levar suas vendas para o próximo nível.

Mas antes de encerrar oficialmente o livro, eu quero te contar um pouco dos bastidores e os motivos que fizeram ter um desejo ardente de ajudar o mercado digital.

Talvez você deve estar se perguntando: Porque você ensina tudo? Como você entrega tanto para esse mercado assim de mão beijada? Não é criar mais concorrência?

E é exatamente por esse tipo de pergunta que eu escrevo um material como esse.

No digital, existem muito mais clientes do que eu humanamente sou capaz de ajudar. Mas muitos donos de negócios sofrem por não saber ou não ter esse tipo de conhecimento em mãos.

Muitos não acreditam que podem aumentar suas vendas através da internet. Muitos acreditam que a internet é somente para "aparecer" ou algo tipo.

E é claro que não. Mas até hoje, você tinha a desculpa de falar que não tinha conhecimento para vender do jeito certo.

Depois de ler esse livro, você sabe que existe um caminho. Agora é uma decisão sua. Uma escolha.

É uma escolha que você pode ter a minha companhia e direcionamento.

Como?

Deixa eu te explicar como isso vai funcionar.

Nesse livro eu te entreguei exatamente O QUE fazer.

Porém, mais importante de saber O QUE fazer, é saber COMO fazer.

Qual a melhor tipo de oferta para o seu produto ou serviço? (Existem pelo menos 12 tipos de ofertas)

Qual público ideal FOCAR para vender o ser produto/serviço?

Quais as principais COMBINAÇÕES de ofertas posso utilizar no meu negócio?

E é exatamente esse tipo de pergunta que eu vou te ajudar a responder na minha na minha consultoria online.

Se você está precisando de ajuda para a criação de novas ofertas, copy ou campanhas de vendas, criação de livros, produtos digitais, esse é seu passo ideal.

Eu vou deixar o link do whatsapp para entrar em contato e iniciar uma conversa sobre o seu negócio.

Essa é uma oportunidade única para acelerar as vendas online do seu negócio.

[Aqui está o link do whatsapp da nossa equipe.](#)

Espero que tenha gostado desse material ;)

Marca lá no instagram - @jadsonbarretoo

Um grande abraço!!!
Deus te abençoe.

Jadson Barreto
Copywriting e Vendas Online

www.ingramcontent.com/pod-product-compliance
Lightning Source LLC
Chambersburg PA
CBHW070258220526
45465CB00004B/1660